AF494612

TRAITÉ

DE

LA MANIERE

D'ENSEIGNER A LIRE.

TRAITÉ DE LA MANIERE D'ENSEIGNER À LIRE,

SERVANT DE

TROISIEME PARTIE

AU TRAITÉ

DES SONS DE LA LANGUE FRANÇOISE.

A PARIS,

Chez JEAN-THOMAS HÉRISSANT, Libraire, rue S. Jacques, à S. Paul & à S. Hilaire.

MDCCLX.

Avec Approbation, & Privilége du Roi.

TRAITÉ DE LA MANIERE D'ENSEIGNER A LIRE.

CHAPITRE PREMIER.

L'Alphabet est insuffisant pour faire connoître les Sons de la Langue Françoise.

LE but qu'un Maître de Lecture doit se proposer, est de montrer à ses Disciples les différentes manieres dont on représente tous les Sons de notre Langue ; & de bien faire distinguer les Caracteres qui servent à représenter les Voyelles, d'avec ceux qui représentent les Consonnes. Or, rien de tout cela ne se peut faire en commençant par l'Alphabet.

I. Dans l'Alphabet, les Lettres ſe trouvent pêle-mêle les unes avec les autres, ſans aucun ordre raiſonné. Les Voyelles y ſont confondues avec les Conſonnes. Auſſi, combien voit-on de perſonnes, qui, quoiqu'elles ſçachent un peu lire, ne ſçavent pas faire la différence d'une Voyelle & d'une Conſonne. Cependant il eſt très néceſſaire d'avoir cette connoiſſance, quand ce ne ſeroit que pour diſtinguer en quelles occaſions il faut donner à la Lettre *ſ* le ſon *ſſ* ou le ſon *z*; & pour empêcher qu'on ne prononce *oça* pour *oſa*, *poiſſon* pour *poiſon*, *baiſſer* pour *baiſer*; ce qui change tout le ſens du diſcours, & fait que ceux qui liſent, ne s'entendant plus, perdent toute la ſuite du raiſonnement, & tout le fruit de leur Lecture.

II. L'Alphabet ne préſente que ſix Voyelles, *a*, *e*, *i*, *o*, *u*, *y*: ou, pour mieux dire, il n'en préſente que cinq; car *i* & *y* ne ſont que deux manieres de repréſenter la Voyelle *i*. Cependant, il y a au moins treize Voyelles dans la Langue Françoiſe. C'eſt parconſéquent huit Voyelles que l'on ne connoît point, lors même qu'on ſçait parfaitement l'Alphabet.

Il en eſt de même à l'égard des Conſonnes. Nous en avons au moins dix-huit. L'Alphabet nous préſente, à la vérité, dix-huit Lettres deſtinées à repréſenter des Conſonnes, ſans y comprendre l'*h*, qui n'eſt qu'un ſigne d'aſpiration, & qui le plus ſouvent ne ſert à rien. Mais de ces dix-huit Lettres, il y en a trois, ſçavoir les Lettres *c*, *k*, *x*, qui ne repréſentent que des Conſonnes déja repréſentées par d'autres Lettres. Car le *c* s'emploie pour les mêmes Sons que les Lettres *ſ* ou *qu*. Le *k* a la même valeur que *qu*; & d'ailleurs il n'eſt pas une Lettre Françoiſe, puiſqu'il n'a lieu que dans des mots étrangers. Enfin, l'*x* n'eſt proprement qu'une abréviation qui ſe met tantôt pour *gz*, & tantôt pour *cs*. Ce ſont donc trois Lettres qu'il ne faut plus compter pour des Conſonnes particulieres. Par-conſéquent l'Alphabet ne fait connoître réellement que quinze Conſonnes, & il en reſte trois dont il ne donne aucune connoiſſance; ce ſont les Conſonnes *ch*, *gn* & *ill*.

Si on donne à la Lettre *g* le nom *gé*, il y a une quatrieme Conſonne que l'Alphabet ne fait pas connoître, ſçavoir la Conſonne *g* ou *gu*, qui ſonne dans ces mots, *Gog*, *Agag* : car le nom *gé* ne peut fournir aucune idée du Son *gue*, & ne préſente que celle du Son *j*.

III. La plupart des Voyelles, & pluſieurs Conſonnes, ſe repréſentent de diverſes manieres. La Voyelle *è*, par exemple, ſe repréſente encore par *ei* dans *peine* ; par *ai* dans *vaine* ; par *oi* dans *foible* ; &c. La Conſonne *f* ſe repréſente auſſi par *ph* dans *philoſophe*.

On trouve bien dans l'Alphabet, *i* & *y* pour la Voyelle *i* ; *c* & *s* pour la Conſonne *s* ; *k* & *q* pour la Conſonne *qu* ; & *g* & *j* pour la Conſonne *j*. Mais pour les autres Voyelles & Conſonnes, que l'Alphabet contient, elles n'y ſont préſentées que ſous une ſeule forme.

Puis donc que l'Alphabet ne contient pas tous les Sons de la Langue Françoiſe, ni toutes les manieres de les repréſenter ; après que les Eleves ſe ſeront donné bien de la peine pour l'apprendre, il faudra néceſſairement qu'ils recommencent tout ſur nouveaux frais, pour connoître toutes les Voyelles, toutes les Conſonnes, & tous les caracteres qui les repréſentent. Pourquoi donc ne leur épargneroit-t-on pas un travail inutile, en laiſſant là pour un temps cet Alphabet, qui ne peut leur ſervir à rien pour le préſent ? Ne vaudroit-il pas mieux commencer par leur montrer les Voyelles, & enſuite les Conſonnes ? En les leur montrant dans un certain ordre, ils auront moins de peine à les apprendre, que l'Alphabet, où les Lettres ſont pêle-mêle, ſans aucun ordre raiſonné. Quand ils ſeront avancés dans la Lecture, on leur donnera alors l'Alphabet, qu'ils apprendront en un inſtant & ſans aucune peine.

CHAPITRE II.

Il ne faut pas ſe ſervir des Noms des Lettres.

LEs Lettres n'ont aucun Son par elles-mêmes. Elles ne ſont que des ſignes de convention, des figures muettes, auxquelles on eſt convenu d'attacher les déees des Sons : c'eſt-à-dire, qu'on eſt convenu de prononcer tel ou tel Son, lorſqu'on verroit telle ou telle Lettre.

Les noms, *a*, *bé*, *cé*, *dé*, *é*, *effe*, *gé*, *hache*, &c, qu'on donne ordinairement aux Lettres, ſervent uniquement à rappeller à l'eſprit les figures des Lettres. Si on me parle d'un *bé*, d'une *effe*, je me rappelle auſſitôt des figures faites de cette façon, B, F, ou *b*, *f*.

Mais ces Noms ne ſont pas les Sons que ces Lettres repréſentent. Car ſi cela étoit, 1°. pour prononcer un mot, il faudroit néceſſairement toujours nommer les Lettres qui l'expriment : ainſi on ne pourroit prononcer ce mot *chaux*, qu'en diſant *cé hache a u ixe*. 2°. Il faudroit au moins qu'il y eût quelque rapport entre les Noms des Lettres & le Son qu'on a à prononcer, & qu'ils puſſent en donner l'idée. Or, pour me ſervir du même exemple, quel rapport y a-t-il entre ces Noms, *cé*, *hache*, *a*, *u*, *ixe*, & le Son *chaux?* Qu'on prononce ces Noms devant une perſonne qui ne ſçait pas lire, lui viendra-t-il jamais dans l'eſprit, qu'il faut prononcer le mot *chaux?*

I. Les Noms des Lettres ne ſont donc d'aucune utilité aux Commençans, puiſqu'ils ne peuvent ſervir à leur donner les idées des vrais Sons qu'ils doivent prononcer. Ils ne peuvent au contraire que leur nuire, & les embaraſſer en chargeant leur mémoire de Sons inutiles, & plus capables d'éloigner de leur eſprit les idées des Sons, que de les leur fournir.

II. Le plus ſouvent, les Noms des Lettres préſentent des idées fauſſes, & tout-à-fait contraires aux Sons qu'il faut prononcer. C'eſt ce qu'il eſt aiſé de démontrer.

1°. Nous avons des Lettres, qui, ſelon les différentes circonſtances où on les emploie, ſervent à repréſenter des Sons fort différens. Ainſi, la Lettre *e* marque tantôt un *é* fermé, tantôt un *e* ouvert, & tantôt un *e* muet qui ne ſe prononce point. Ces trois Sons ſe trouvent dans le mot *ténébres*. Si on donne à tous ces *e*, le nom *é* que cette Lettre a dans l'Alphabet, on ſera porté à prononcer, *ténébrés* pour *ténébres*, *péré* pour *pere*, &c.

La Lettre *c* ſe prononce tantôt *qu*, & tantôt *ſe*. Le nom *cé*, qu'on lui donne, porte à prononcer *ſa* pour *qua* ; *cé*, *a*, *ſa* ; à dire *lacé* pour *lac*, &c.

La Lettre *g* ſe prononce tantôt *gue* ; comme dans *Gog*, *Agag*, & tantôt *je*. Le nom *gé* conduit naturellement à prononcer *J*ogé pour *Gog*, *Aj*a*g*é pour *Agag*.

La Lettre *ſ* ſe prononce tantôt *ſſe*,

& tantôt *ze*. Le nom *esse* porte à prononcer *ossa* pour *osa*, *poisson* pour *poison*, *baisser* pour *baiser*, &c ; parcequ'on leur fait dire, *o esse a*, & que *esse a*, fait plutôt *sa* que *za*.

La Lettre *t* se prononce quelquefois comme une *s*, lorsqu'elle est suivie d'un *i* & d'une autre Voyelle. En fesant dire *té i*, jamais le Son *si* ne viendra dans l'idée ; & un enfant prononcera *des portions*, de la même maniere que *nous portions*.

Un Maître qui entend son Eleve faire ces fautes, se fâche, s'impatiente, & souvent le frape & le maltraite. Mais est-ce la faute de son Eleve, s'il prononce des Sons faux, auxquels les noms des Lettres le conduisent naturellement ? Que le Maître ne s'en prenne donc pas à son Eleve, mais à sa Méthode, & qu'il la change.

11°. Il arrive très souvent qu'on assemble plusieurs Lettres ensemble, pour ne représenter qu'une simple Voyelle ou qu'une simple Consonne. Ainsi, par exemple, pour exprimer ces Sons simples, *é*, *o*, *ê*, on se sert souvent de ces assemblages ou combinaisons de Lettres, *ai*, *au*, *oient*, & de beaucoup d'autres. De même, pour représenter la Consonne *f*, on emploie quelquefois cette combinaison de Lettres, *ph*. Il y a même des Voyelles & des Consonnes, qui, faute de Caracteres simples pour les représenter, ne peuvent être exprimées que par plusieurs Lettres. Telles sont les deux Voyelles, *eu* & *ou*; les quatre Voyelles nazales, *an*, *in*, *on* & *un*, qui se représentent de plusieurs autres manieres : enfin les trois Consonnes, *ch*, *gn* & *ill*.

Or, chacune des Lettres qui forment ces différentes combinaisons, n'a point le Son qu'on lui donneroit si elle étoit seule ; & ces Lettres réunies ensemble, représentent un Son qui n'a nul rapport avec ceux qu'elles exprimeroient chacune prise séparément. Ainsi dans *eu*, *au*, *ou*, &c, on n'entend ni les Sons de l'*e*, ou de l'*a*, ou de l'*o*, ni le Son de l'*u*. Mais seulement un Son très simple, représenté par ces combinaisons de Lettres, *eu*, *au*, *ou*.

Si donc on fait nommer aux Eleves les Lettres qui forment ces combinaisons, on leur fera prononcer des Sons faux, qui n'ayant aucun rapport ni aucune liaison avec les vrais Sons qu'on doit prononcer, ne ſerviront qu'à en écarter les idées de leur eſprit, à les embaraſſer, à leur cauſer mille incertitudes & mille difficultés, & enfin à les rebuter; ce qui n'arrive que trop ſouvent.

Nous expoſerons dans les Chapitres ſuivans, la Maniere dont les Maîtres doivent faire prononcer les Lettres & les Syllabes. Mais il eſt néceſſaire de donner auparavant une idée générale des Sons qui forment la Parole ou le Langage.

CHAPITRE III.

Idée générale des Sons qui forment le Langage.

IL y a deux ſortes de Sons qui forment le Langage, ſçavoir, les Sons *ſimples* & les Sons *articulés.*

Les Sons ſimples, qu'on nomme *Voyelles*, ſont des Sons ou voix qui ſe font entendre tels qu'ils ſortent de la poitrine, ſans recevoir en paſſant par la bouche aucune autre impreſſion ou nuance de Son; & qui ſe diverſifient par les différentes diſpoſitions du paſſage de la voix. Tels sont, *a*, *é*, *eu*, *i*, *o*, *ou*, *u*, &c.

Les Sons articulés sont ces mêmes Sons ou Voyelles, qui en passant par la bouche reçoivent de nouvelles modifications, c'est-à-dire, de nouvelles impressions ou nuances de Son, qu'on nomme *Articulations* ou *Consonnes*, & qui sont produites par les divers mouvemens des lévres ou de la langue.

Ainsi une Consonne est une impression ou une nuance de Son, que les divers mouvemens de la langue ou des lévres donnent à une Voyelle lorsqu'elle passe par la bouche.

Par exemple, *a* est une Voyelle ou un Son simple. Mais *ba* & *ga*, sont des Sons articulés, parceque les mouvemens des lévres dans *ba*, & ceux de la langue dans *ga*, ont fait prendre à la Voyelle *a*, ces nouvelles impressions ou nuances de Son, qui font entendre les Sons articulés *ba* & *ga* : & ces différences de Son qui sont entre *ba* ou *ga*, & la Voyelle *a*, sont ce qu'on appelle les Consonnes *b* & *g*.

On ne peut faire entendre une Consonne que par le moyen d'une Voyelle. Car j'aurai beau remuer les lévres ou la langue, on n'entendra rien, si je ne pousse en même temps une voix de ma poitrine.

Ce sont donc les Voyelles qui sont les vrais & les principaux Sons de la langue. C'est par-conséquent par les Voyelles que le Maître doit commencer l'instruction de ses Eleves.

CHAPITRE IV.

Maniere de faire connoître les Voyelles aux Commençans.

AVANT que de mettre des Cartes ou un Syllabaire entre les mains des Eleves, le Maître doit leur donner de vive voix une idée des Voyelles, la plus simple qu'il pourra, en leur disant seulement & leur fesant répéter, qu'*une Voyelle est un Son ou une voix qu'on pousse de la poitrine*.

Il leur dira ensuite, qu'il y a quatre grandes Voyelles, sçavoir, *a*, *è* (*),

(*) Le Maître aura l'attention de prononcer la troisieme Voyelle *e*, qu'on nomme *e ouvert*, comme les deux *e* du mot *effet*, & comme *ai* du mot *délai*.

eu (*), *o* ; quatre Nazales, qui ſont, *an*, *in*, *un*, *on*, & quatre petites Voyelles, qui ſont, *é*, *i*, *ou* & *u*.

Il fera répéter cela pluſieurs fois à ſes Diſciples ; & il pourra s'en tenir là pour une premiere Leçon.

A la ſeconde Leçon, après leur avoir fait dire ce que c'eſt qu'une Voyelle, & leur avoir fait nommer les grandes Voyelles, les Nazales, & les petites Voyelles, il leur fera entendre qu'on appelle *a*, *è*, *eu*, *o*, grandes Voyelles, parcequ'on peut les prononcer de pluſieurs manieres ; ſçavoir d'un ſon aigu, *a*, *è*, *eu*, *o* ; & d'un ſon grave, *â*, *ê*, *eû*, *ô*.

Que *an*, *in* (**), *un* & *on*, ſe nomment *nazales*, parcequ'elles ſe prononcent du nez (†).

Enfin, que *é*, *i*, *ou*, *u*, ſe nomment petites Voyelles, parcequ'elles ne

(*) Nous avons déja obſervé, que *eu* & *ou* ne forment chacun qu'un ſeul Son ſimple, & qu'une ſeule Voyelle, quoique repréſentées par deux Lettres.

(**) La Voyelle *in*, quoiqu'écrite par un *i*, eſt la nazale qui répond à l'*e ouvert*. On l'écrit auſſi quelquefois par *en* & *ein*, & de pluſieurs autres manieres.

La Voyelle *un*, répond à la Voyelle *eu*. Elle n'eſt écrite par *eun* que dans ce mot *à jeun*.

(†) Dans les Voyelles nazales, *an*, *in*, *un*, *on*, ou, *am*, *im*, *um*, *om*, l'*n* ni l'*m* ne ſe prononcent point : elles ſont ſeulement un ſigne du Son nazal.

ſe prononcent que d'un Son toujours foible & aigu.

Si les enfans ſont trop jeunes, le Maître ne ſe mettra pas en peine de leur faire comprendre ces explications; mais il ſe contentera de leur faire prononcer de ſuite, les quatre grandes Voyelles, *a*, *è*, *eu*, *o*, qui ſe prononcent autrement, *â*, *ê*, *eû*, *ô*; les quatre nazales, *an*, *in*, *un* & *on*; & les quatre petites, *é*, *i*, *ou* & *u*.

Quand ils les ſçauront bien par cœur, il les leur montrera ſur une Carte, ou dans les Tables du Syllabaire ci-après. Il leur fera enſuite remarquer une demi-Voyelle, qui eſt l'*e muet*, qui ne ſe prononce point : auſſi doit-il ſe donner de garde de le prononcer *é* ou *eu*, comme font quelques Maîtres.

Quand les Eleves connoîtront bien leurs Voyelles ſur la premiere Table, le Maître les fera paſſer à la ſeconde, où ſont toutes les différentes manieres de repréſenter les Voyelles; & il leur apprendra que toutes ces Combinaiſons de Lettres, comme *ai*, *ei*, *oi*, *eu*, *au*, *eau*, &c, ne repréſentent chacune qu'un Son & qu'une Voyelle : qu'ainſi *et*, *ei*, *ai*, *oi*, doivent ſe prononcer

prononcer ſimplement *è* ; que *au*, *eau*, doivent ſe prononcer *o* ; & ainſi des autres. Il leur fera auſſi remarquer que l'*e muet* ſe repréſente de ces trois manieres, *e*, *es*, *ent*.

CHAPITRE V.

Maniere de faire connoître les Conſonnes.

LE Maître aura l'attention de ne faire paſſer ſes Eleves aux Conſonnes, que quand ils connoîtront parfaitement toutes les Voyelles, & les différentes manieres de les repréſenter.

Pour leur faire connoître les Conſonnes, il commencera par leur en donner une idée de vive voix, en leur diſant & leur feſant répéter, qu'*une Conſonne eſt une nuance de Son, qui ne peut ſe faire entendre qu'avec une Voyelle.* Il tâchera de le leur faire ſentir, en prononçant devant eux quelques Syllabes ſimples, comme *ba*, *da*, *fé*, *gé*, &c ; & il leur fera remarquer que s'il ne prononçoit pas, *a*, *é*, ou quelque autre Voyelle, on n'entendroit aucun Son, quoiqu'il remuât les lévres ou la langue.

Il leur dira ensuite, qu'il y a

1°. Cinq Consonnes qui se prononcent par le mouvement des lévres, & qu'on nomme *Labiales;* ce sont, *me*, *be*, *pe*, *ve*, *fe* (*).

2°. Quatre qui font entendre une espece de sifflement, & qu'on nomme *Sifflantes;* ce sont, *je*, *che*, *ze* & *se*.

3°. Cinq, qui se produisent par les mouvemens de la langue, qui va toucher le palais par le petit bout, & qu'on nomme *Linguales* ou *Palatales;* ce sont, *de*, *te*, *le*, *ne* & *re*.

4°. Deux, qui se prononcent de la gorge ou du gosier, & qu'on nomme *Gutturales;* qui sont, *gue* & *que*.

5°. Enfin deux *mouillées*, ainsi nommées, parceque lorsqu'on les prononce, la salive vient à la bouche; ce sont, *gne* & *ille*, comme dans ces mots, *ga*gne, *ba*ille.

(*) Le Maître prononcera ainsi les Consonnes devant ses Eléves, au moyen de l'*e muet*, ou plutôt avec le Son foible de la Voyelle *eu*, qui est celui qui approche le plus du Son de l'*e muet*, parceque c'est avec le Son de l'*e muet*, quoique non écrit, mais suppléé, qu'on fait entendre les Consonnes à la fin des mots, comme, *Sem*, *Job*, *Cap*, *Gog*, *mal*, qui se prononcent comme s'ils étoient écrits, *Seme*, *Jobe*, *Cape*, *Gogue*, *male*.

Le Maître ne doit pas beaucoup s'inquiéter si les enfans ne comprennent pas d'abord ces mots, *Labiales*, *Sifflantes*, &c. Il suffit qu'ils retiennent qu'il y a cinq Labiales, *m*, *b*, *p*, *v*, *f*; quatre Sifflantes, *j*, *ch*, *z*, *s*; cinq Palatales, *d*, *t*, *l*, *n*, *r*; deux Gutturales, *g* & *qu*; & deux Mouillées, *gn* & *ill*. Quand ils seront plus avancés, ils pourront les comprendre.

Mais ces divisions des Consonnes en plusieurs Classes, ont deux avantages. 1°. Elles donnent plus de facilité à les apprendre & à les retenir. 2°. Elles donnent lieu de mieux faire sentir la différence qui se trouve entre les Consonnes d'une même espece, que les enfans & beaucoup d'autres personnes confondent ensemble, & prennent les unes pour les autres.

Quand les Eléves sçauront bien dire toutes les Consonnes de vive voix, le Maître les leur montrera sur une Carte, ou dans le Syllabaire; & quand ils les connoîtront bien sur cette premiere Table, il leur montrera celle où sont toutes les Manieres de représenter les Consonnes. Au bas de cette seconde Table, il leur fera voir la Lettre *h*, qui n'a aucun Son : il leur apprendra qu'elle eſt quelquefois le ſigne d'une Aſpiration, & que le plus ſouvent elle ne ſert à rien.

Un enfant peut ainſi, en huit ou dix jours au plus, connoître parfaitement toutes les Voyelles, toutes les Conſonnes, & toutes les Manieres de les repréſenter ; & ce, ſans gêne & comme en ſe jouant, pour peu que le Maître lui donne ſes Leçons d'un air gracieux. S'il y a pluſieurs enfans, ils s'efforceront à l'envi de répéter, les *Grandes* & *Petites* Voyelles ; les *Graves* & les *Nazales* ; les Conſonnes *Labiales*, *Sifflantes*, &c.

Cependant, ce qu'il y a de plus difficile à apprendre, eſt paſſé. Les Leçons ſuivantes, que le Maître leur fera lire, ne les embaraſſeront plus.

Lorſqu'ils connoîtront bien toutes les Conſonnes, ils n'auront point de peine à en joindre deux enſemble, & à prononcer, *be - le*, *pe - le* ; mais le Maître leur diſant de couler vîte ſur la premiere Conſonne, ils diront tout d'un coup, *bl*, *pl*, *cl*, *gl*, *br*, *pr*, &c.

Parmi ces Conſonnes qui ſe joignent enſemble, il leur fera remarquer la

Lettre *x*, qui se prononce de deux manieres ; 1°. comme *gue-ze* : 2°. comme *que-se.*

CHAPITRE VI.

Il ne faut point faire épeller. Maniere de faire lire les Syllabes simples.

LE Maître ne fera passer ses Eleves aux Syllabes, que lorsqu'ils connoîtront parfaitement toutes les Voyelles & toutes les Consonnes.

On appelle Syllabe, ce qu'on prononce par une seule émission de voix. Chaque fois donc qu'on pousse ou qu'on fait sortir une voix de la poitrine, on prononce une Syllabe. Ainsi dans ce mot, *animal*, il y a trois Syllabes, *a-ni-mal*, parcequ'on fait sortir trois fois la voix de la poitrine.

Une Voyelle seule forme quelquefois une Syllabe ; comme *a*, qui est la premiere Syllabe du mot *a-nimal* : mais il y a peu de ces sortes de Syllabes.

Une Syllabe est ordinairement un Son articulé, c'est-à-dire, une Voyelle précédée par une Consonne, qui affecte

& modifie cette Voyelle, & qui ajoute une nuance de Son, au Son que cette Voyelle fait entendre. Telle est la Syllabe *ni*, qui est la seconde du mot *a-ni mal*.

Il y a deux sortes de Syllabes, les Syllabes simples, & les Syllabes composées.

Les Syllabes simples sont celles où l'on ne fait entendre qu'un seul Son, comme dans les deux premieres du mot *a-ni-mal*.

Les Syllabes composées sont celles qui font entendre plusieurs Sons. Nous en parlerons dans le Chapitre suivant.

Pour faire lire celles des Syllabes simples, qui sont formées par une Consonne & une Voyelle, le Maître doit bien se donner de garde de faire épeller, c'est-à-dire, de faire nommer d'abord la Consonne, & ensuite la Voyelle qui les composent.

I. Les Eleves, pour épeller, diront *me a*, *me au*. Mais ils n'iront pas plus loin ; parceque *me a* sont deux Sons qui ne peuvent pas donner l'idée du Son unique *ma*, qu'il faut prononcer. Il faudra donc que le Maître leur dise, *ma* ; après quoi ils répéteront *ma*, comme un écho. Et que leur apprendra-t-on en leur feſant dire *me a*, *ma*, ſi-non que *ma*, ſe prononce *ma?* Ils l'apprendront bien plus aiſément, à la ſimple vue de ces Lettres *ma*. Cette opération, par laquelle on leur fait dire *me a*, eſt donc inutile, & ne fait que les ſurcharger & les embaraſſer.

II. Cette opération les induit en erreur, en leur feſant croire qu'il y a deux Sons dans *ma*, quoiqu'il n'y en ait qu'un ſeul. Car les Conſonnes ne ſont point des Sons ou des voix : elles ſont ſeulement des nuances de Son qui affectent les Voyelles.

III. L'habitude d'épeller, de quelque maniere que ce ſoit, eſt très nuiſible aux Commençans ; & il eſt de la plus grande importance de les empêcher de la contracter.

1°. En épellant, on inſere dans le Diſcours une infinité de mots, qui y ſont étrangers, qui le coupent, qui parconſéquent diſtraient l'eſprit, empêchent qu'on ne ſente le rapport des mots les uns avec les autres, & font perdre toute la ſuite du diſcours. Auſſi voit-on une infinité de perſonnes lire machinalement, ſans comprendre ce qu'elles lisent. Cela vient de ce que s'étant habituées, en épellant, à prononcer des Sons, sans sçavoir ce qu'ils signifioient, elles continuent à lire sans réflexion, par la force de cette habitude, lors même qu'elles n'épellent plus.

2°. Quand on est habitué à épeller, on ne peut connoître le mot qu'on lit, qu'après avoir épellé toutes les Consonnes & toutes les Voyelles qui le composent. Il y a certaines Lettres, ou combinaisons de Lettres, qui représentent plusieurs Sons. Comment celui qui épelle, ne connoissant point encore son mot, & ne sentant pas la liaison de ce mot avec les précédens, pourra-t-il distinguer quel Son il faudra donner à ces Lettres, ou combinaisons de Lettres, qui peuvent se prononcer de plusieurs manieres.

Prenons un exemple. Je suppose que je ne puis lire qu'en épellant. Je rencontre dans un Livre ce mot *convient*, qui peut se prononcer, *convi*e & *conviaint*. Lequel des deux Sons donnerai-je à la Syllabe *ent?* Je ne puis le sçavoir, puisque je ne connois pas encore le mot, & que je ne sens pas le rapport qu'il a avec les mots précédens. Je prononcerai donc au hazard : heureux encore ſi je ne prononce pas *convi*ant ; car cette Syllabe *ent*, préſente auſſi-bien le Son *ant*, que le Son *aint*, ou que celui de l'*e* muet.

Si au contraire on habitue les Eleves à lire ſans épeller, rien n'empêche de leur faire appercevoir la liaiſon du mot qu'ils liſent avec les mots précédens ; & dès qu'ils verront leur mot, ils le connoîtront, & parconſéquent ils ſçauront quels Sons il faut donner aux Syllabes qui le compoſent.

Un Maître doit donc accoutumer ſes Eleves à prononcer d'un ſeul Son les Syllabes ſimples, à la ſimple vue des Lettres qui le compoſent. Il doit leur faire dire tout de ſuite, *ma*, *met*, *mê*, *meu*, *mo*, &c, en ſuivant l'ordre ſelon lequel les Sons ſe trouvent rangés dans le Syllabaire que nous avons joint à la ſuite de ce Traité ; ou bien, *ma*, *ba*, *pa*, *va*, *fa*, *pha*, &c, en leur feſant lire une colonne ſeule de haut en bas. Il eſt bon de diverſifier la maniere de leur faire lire ces Syllabes, les prenant tantôt de gauche à droite, & de droite à gauche ; tantôt de haut en bas, &

de bas en haut, pour éviter qu'ils ne lisent par routine.

CHAPITRE VII.

Maniere de faire lire les Syllabes composées.

On nomme Syllabes composées, celles qui font entendre plusieurs Sons, soit simples, soit articulés, qu'on prononce d'un seul port ou d'une seule émission de voix.

On distingue trois sortes de Syllabes composées :

1°. Celles où deux Consonnes précedent une Voyelle, comme *bla*, *pla*, *vra*, &c, qui font entendre les Sons *bela*, *pela*, *vera*, qu'on prononce d'une seule émission de voix.

2°. Celles où la Voyelle est suivie d'une Consonne qui se prononce, comme *ab*, *car*, *làc*, *mal*, &c, qu'on prononce *abe*, *care*, *la*que, *male*. Si la Consonne qui suit la Voyelle ne se prononce pas, la Syllabe n'est qu'une Syllabe simple. Ainsi il n'y a qu'une Syllabe simple dans chacun de ces mots, *lait*, *nid*, *loup*, *rang*, parceque ces Conſonnes *t*, *d*, *p*, *g*, qui ſuivent les Voyelles, *ai*, *i*, *ou*, *an*, ne ſe prononcent point.

3°. Celles où ſe trouvent de ſuite deux Voyelles bien diſtinguées, comme *ia*, *ieu*, *ien*, *oui*, &c. Cette réunion de deux Voyelles diſtinguées en une ſeule Syllabe, s'appelle *Diphthongue.* Ordinairement ces deux Voyelles ſont jointes à une Conſonne qui les précede, comme dans ces mots, *bien*, *lieu*, *rouet.* Quelquefois elles ſont encore ſuivies d'une Conſonne, comme dans ces mots, *ciel*, *liard.*

Pour la premiere ſorte de Syllabes composées, on peut abſolument faire épeller les Eleves, en leur feſant prononcer au moyen de l'*e obſcur*, les premieres Conſonnes qui ne ſont pas ſuivies d'une Voyelle ; & enſuite prononcer la derniere Conſonne avec la Voyelle qui la ſuit immédiatement. Ainſi, pour les aider à prononcer ces Syllabes, *pla*, *ſtra*, on peut abſolument leur faire dire, *pela*, *ſetera*, parcequ'en leur diſant de couler vîte ſur les premieres Conſonnes, ils prononceront d'eux-mêmes, *pla* & *ſtra.*

Mais il leur ſera plus avantageux à tous égards, de s'accoutumer à prononcer tout d'un coup ces ſortes de Syllabes, ſans en épeller les Lettres, & ſans les diviſer ; quand ce ne ſeroit que pour leur faire éviter certaines équivoques qui leur feroient prendre des mots pour d'autres.

Il ne leur ſera pas difficile de prononcer ainſi d'un ſeul coup, *bla*, *pla*, *ſtra*, &c, ſi le Maître a eu ſoin de leur faire prononcer les Conſonnes qui ſe joignent ordinairement enſemble, comme *bl*, *pl*, *ſtr*, &c, que nous avons miſes dans le Syllabaire, avant les Syllabes compoſées. Etant déja habitués à prononcer ces Conſonnes en une ſeule Syllabe avec l'*e obſcur*, ils ſçauront bientôt les prononcer avec toutes ſortes de Voyelles.

Pour les deux autres eſpeces de Syllabes compoſées, les Eleves les liront ſans la moindre difficulté. A la vue de ces Syllabes, *car*, *mal*, *cœur*, *ciel*, *liard*, ils prononceront tout naturellement, *car*e, *mal*e, *ciel*e, *liar*e ; & le Maître n'aura plus qu'à les avertir de prononcer vîte, & d'une ſeule émiſſion de voix.

Le Maître doit éviter d'appeller *Diphthongues*, les deux Voyelles qu'on doit prononcer en une ſeule Syllabe. Ce mot Diphthongue, que les enfans n'entendroient pas, ne feroit que les embaraſſer; & d'ailleurs, s'ils connoiſſent bien les Sons ſimples, ils n'auront aucune peine à en prononcer deux de ſuite, quoiqu'ils ignorent le nom qu'on donne à ces ſortes de Syllabes. Il ſuffira de le leur apprendre, quand on leur donnera une idée de la Grammaire Françoiſe.

CHAPITRE VIII.

Expoſition de l'ordre qu'on a ſuivi dans le Syllabaire.

NOus commençons par expoſer les Voyelles, diviſées en grandes Voyelles, Voyelles nazales, & petites Voyelles; les grandes Voyelles diſtinguées en graves & aiguës. Ces diviſions répandent plus de clarté, & donnent aux Eleves plus de facilité à retenir toutes les Voyelles.

Enſuite ſe trouvent deux Tables, l'une en Caracteres Romains, l'autre en Caracteres Italiques, qui contiennent les différentes Manieres dont les Voyelles se représentent. Il est à propos d'accoutumer les enfans à ces deux sortes de Caracteres. Combien ne voit-on pas de personnes qui, quoiqu'elles lisent facilement les Caracteres Romains, ne peuvent lire qu'avec peine les Caracteres Italiques, parcequ'on ne les y a pas habituées tout d'abord ?

Nous avons suivi le même ordre dans l'exposition des Consonnes. Nous les avons distribuées en cinq Classes ; sçavoir, en Labiales, Sifflantes, Palatales, Gutturales & Mouillées.

Au bas de la seconde Table, qui contient les différentes Manieres de représenter les Consonnes, nous avons mis la Lettre *x*, qui vaut deux Consonnes, & se prononce de deux manieres ; & la Lettre *h*, qui ne marque qu'une Aspiration forte, & qui le plus souvent ne sert à rien.

Viennent ensuite toutes les Syllabes simples, c'est-à-dire, celles qui n'ont qu'un seul Son. Elles sont rangées en douze colonnes, dont les quatre premieres sont pour les grandes Voyelles.

Les quatre suivantes contiennent les Syllabes où l'on prononce les quatre Voyelles que nous avons appellées *petites*, par opposition aux grandes. Enfin les quatre dernieres colonnes renferment toutes les Syllabes formées par les Voyelles nazales.

Si l'on commence à prononcer une Voyelle d'un Son aigu, & que l'on pousse la voix de plus fort en plus fort, cette Voyelle deviendra de plus en plus grave. Ainsi les Voyelles graves sont de la même nature que les Voyelles aiguës. C'est pourquoi nous avons cru devoir les mêler ensemble dans chaque colonne.

Il a été naturel d'en user de même par rapport aux différentes manieres de représenter chaque Voyelle, afin que les Eleves s'accoutument à reconnoître chaque Son, de quelque maniere qu'ils le puissent voir représenté, lorsqu'on leur mettra les Livres entre les mains.

Pour donner aux Eleves la facilité de prononcer tout d'un coup & sans épeller, les Syllabes qui commencent par plusieurs Consonnes, nous leur mettons d'abord sous les ieux les

Consonnes qui se joignent ordinairement ensemble : & au-dessous nous plaçons les Syllabes qui commencent par ces Consonnes, en les rangeant par colonnes dans le même ordre que les Syllabes simples.

Comme la demi Voyelle, qu'on nomme *e muet*, ne se prononce point, & qu'on ne peut en faire entendre le son foible que lorsqu'elle est précédée d'une autre Syllabe ; pour la faire connoître aux Eleves, nous donnons une liste de mots entiers, terminés par l'*e* muet représenté de différentes manieres. Les mots que nous avons choisis, ont presque tous un *e ouvert* à la Syllabe qui précede l'*e muet*, afin que les Eleves apprennent à bien distinguer cette sorte d'*e* ouvert, que nous n'avons pas pu placer dans la colonne des *e ouverts*.

Suivent ensuite les différentes prononciations de la Voyelle *ent*, pour habituer les Eleves à ne s'y pas méprendre. Ces exemples serviront à faire observer, que souvent c'est le sens des mots qui détermine la maniere dont il faut les prononcer.

Comme *oi* se prononce souvent avec le Son de l'*o*, & celui de l'*e ouvert*, soit aigu,

aigu, soit grave, ou même de l'*o*, nous donnons des exemples de ces trois différentes manieres de prononcer cette combinaison de Lettres. Il faudra leur faire remarquer que ces mêmes Lettres *oi*, ne représentent très souvent qu'un *e ouvert*, comme dans ces mots, *il étoit*, *j'étois*.

L'*ï mouillé* a un Son différent de l'*i* simple. Pour faire sentir cette différence, nous donnons quelques mots où cet *ï mouillé* se rencontre.

Nous passons ensuite à l'*y* grec. Comme il vaut ordinairement deux *ii*, dont le premier fait partie de la Voyelle précédente, & le second est le plus souvent un *ï* mouillé, nous présentons sur une colonne quelques mots où se trouve cet *y*; & sur une autre ces mêmes mots, écrits par deux *ii* séparés, afin de mieux faire voir comment l'*y* doit se prononcer dans ces sortes d'occasions.

Afin d'apprendre aux Commençans quand il ne faut pas prononcer les Consonnes qui terminent les Syllabes, ou quand on doit les prononcer, nous partageons ces Consonnes finales en deux Classes. La premiere contient les Consonnes finales qui ne se prononcent point ordinairement ; & vis-à-vis nous mettons le petit nombre de mots où ces mêmes Conſonnes ſe prononcent.

La ſeconde Claſſe préſente les Conſonnes finales qui ſe prononcent preſque toujours ; & vis-à-vis on verra quelques mots où elles ne ſe prononcent point.

Nous remarquons enſuite quelques-uns des mots où la Syllabe *ti* ſe prononce *ſi*.

Quand les Eleves ſeront affermis dans la Lecture, on leur montrera les Manieres rares & extraordinaires dont quelques Voyelles & quelques Conſonnes ſe repréſentent.

Enfin, comme il eſt néceſſaire de connoître l'ordre Alphabétique, & les noms qu'on donne aux Lettres, nous terminons ce Syllabaire par l'Alphabet rangé à l'ordinaire. Les noms des Lettres ſont placés ſous chacune d'elles, afin que les Eleves puiſſent les apprendre par cœur : enſuite de quoi il ſera bon de les exercer à chercher des mots dans un Dictionnaire.

SYLLABAIRE.

VOYELLES.

QUATRE GRANDES VOYELLES, QUI SONT

ou *aigües.*

a.	è ouvert. *	eu.	o.

ou *graves.*

â.	ê.	eû.	ô.

Quatre Nazales.

an.	in.	un.	on.

Quatre petites Voyelles.

é fermé.	i.	ou.	u.

Et une demi-Voyelle.

e muet. **

---

* Il faut faire prononcer l'*e ouvert*, comme les deux *e* du mot *effet*, ou comme *ai* du mot *balai*.

** On doit se contenter de montrer l'*e muet* aux Eleves, sans leur faire rien prononcer.

Différentes manieres de repréſenter les Voyelles.

Voyelles aigües.

A.	a.					
È *ouvert.*	è.	et.	ai.	oi.	ei.	
EU.	eu.	œu.	e *obſcur.*			
O.	o.	au.	eau.			

Voyelles graves.

A^.	â.	as.				
E^.	è.	ès.	ais.	ois.	aix.	
	ê.	eſt.	aî.	oî.	aient.	oient.
EU^.	eû.	eux.				
O^.	ô.	os.	aux.	eaux.		

Voyelles nazales.

AN.	an.	am.	en.	em.		
IN.	in.	im.	ain.	aim.	em.	en.
UN.	un.	um.				
ON.	on.	om.				

Petites Voyelles.

É *fermé.*	é.	ez.	er.	ai.	&.
I.	i.	y.			
OU.	ou.				
U.	u.	eu.			

Demi-Voyelle.

E *muet.*	e.	es.	ent.

Y. y. *ſe met ſouvent pour deux* ii.

Différentes Manieres de repréſenter les Voyelles.

Voyelles aigües.

A. *a.*

È ouvert. *è.* *et.* *ai.* *oi.* *ei.*

EU. *eu.* *œu.* *e* obſcur.

O. *o.* *au.* *eau.*

Voyelles graves.

A^. *â.* *as.*

E^. { *è.* *ès.* *ais.* *ois.* *aix.*
ê. *eſt.* *aî.* *oî.* *aient.* *oient.* }

EU^. *eû.* *eux.*

O^. *ô.* *os.* *aux.* *eaux.*

Voyelles nazales.

AN. *an.* *am.* *en.* *em.*

IN. *in.* *im.* *ain.* *aim.* *em.* *en.*

UN. *un.* *um.*

ON. *on.* *om.*

Petites Voyelles.

É fermé. *é.* *ez.* *er.* *ai.* *&.*

I. *i.* *y.*

OU. *ou.*

U. *u.* *eu.*

Demi-Voyelle.

E muet. *e.* *es.* *ent.*

Y. *y.* ſe met ſouvent pour deux *ii.*

CONSONNES.

Cinq Labiales.	m.	b.	p.	v.	f.
Quatre Sifflantes.	j.	ch.	z.	ſ.	
Cinq Palatales.	d.	t.	l.	n.	r.
Deux Gutturales.	g.	qu.			
Deux Mouillées.	gn.	ill.			

Différentes manieres de repréſenter les Conſonnes.

Cinq Labiales.

1. M. m. mm.

2. B. bb. 3. P. p. pp.

4. V. v. 5. F. f. ff. PH. ph.

Quatre Sifflantes.

1. { J. j. / G. g. *devant e & i.* } 2. CH. ch.

3. { Z. z. / ſ. *entre deux Voyelles.* } 4. { S. ſ. ſſ. ç. / C. c. *devant e & i.* }

Cinq Palatales.

1. D. d. dd. 2. T. t. tt.

3. L. l. ll. 4. N. n. nn.

5. R. r. rr.

Deux Gutturales.

1. G. g. GU. gu. 2. Qu. qu. C. c. cc.

Deux Mouillées.

1. GN. gn. 2. ILL. ill. IL. il.

CONSONNES.

La Lettre ſuivante vaut deux Conſonnes, & ſe prononce de deux manieres.

1. X. x. prononcé gz. 2. *X. x.* prononcé *cs.*

La Lettre ſuivante n'eſt qu'un ſigne d'aſpiration. Le plus ſouvent elle ne ſert à rien.

H. h. *H. h.*

Différentes manieres de repréſenter les Conſonnes.

Cinq Labiales.

1. *M. m. mm.*

2. *B. bb.* 3. *P. P. pp.*

4. *V. v.* 5. *F. f. ff. PH. ph.*

Quatre Sifflantes.

1. { *J. j.* / *G. g.* devant *e* & *i.* } 2. *CH. ch.*

3. { *Z. z.* / *ſ.* entre deux Voyelles. } 4. { *S. ſ. ſſ. ç.* / *C. c.* devant *e* & *i.* }

Cinq Palatales.

1. *D. d. dd.* 2. *T. t. tt.*

3. *L. l. ll.* 4. *N. n. nn.*

5. *R. r. rr.*

Deux Gutturales.

1. *G. g. GU. gu.* 2. *Qu. qu. C. c. cc.*

Deux Mouillées.

1. *GN. gn.* 2. *ILL. ill. IL. il.*

SYLLABES SIMPLES.

a.	et.	eu.	o.	é.	i.
ha.	hê.	heu.	hô.	hé.	hi.
ma.	mets.	mœu.	mau.	mai.	mis.
bât.	bê.	bœuſs.	beaux.	ber.	bi.
pâ.	pei.	peu.	pos.	pez.	pi.
vas.	vais.	vœux.	vô.	vé.	vi.
fa.	faî.	feux.	fo.	fez	fix.
pha.	phois.	....	pho.	pher.	phi
ja.	jet.	jeû.	j'au.	j'ai.	j'i.
gea.	geoit.	geu.	geau.	gez.	gis.
cha.	chaî.	cheu.	chaux.	cher.	chi.
za.	zoient.	zeu.	zeau.	zé.	zi.
ſa.	ſoient.	ſeu.	ſeau.	ſai.	ſie.
ças.	cès.	ceux.	ceaux.	cez.	ci.
ſas.	ſei.	ſœu.	ſo.	ſer.	ſy.
da.	doient.	de.	dos.	dé.	dis.
tâ.	toît.	teux.	tau.	tai.	ti.
las.	lai.	le.	leau.	lez.	lits.
na.	noî.	nœuds.	nô.	nez.	nid.
ra.	rei.	reux.	rôt.	ré.	ris.
gâ.	gaî.	....	go.	....	.....
guas.	guoit.	gueux.	guo.	guez.	gui
ca.	cai.	....	cô.	....	.....
qua.	quai.	queu.	qu'au.	quer.	qui
gna.	gnois.	gneu.	gno.	gnâi	gnis.
illas.	illoit.	illeu.	illo.	illez.	illi.

SYLLABES SIMPLES.

ou.	u.	an.	in.	un.	on.
houx.	hu.	han.	hin.	hum.	hon.
mou.	mu.	mem.	main.	mun.	mon.
bou.	bus.	bant.	bain.	bun.	bom.
pou.	pu.	pam.	pein.	....	pom.
vous.	vu.	vent.	vin.	......	von.
fous.	fu.	fan.	faim.	fum.	fon.
....	......	phan.	phin.	......	phon.
jou.	jus.	jean.	j'in.	jeun.	jon.
....	......	gens.	gin.	......	geon.
chou.	chu.	cham.	chain.	......	chon.
zou.	......	....	zin.	zun.	zon.
ſou.	ſu.	ſant.	ſin.	ſun.	ſon.
....	.....	cent.	cein.	......	çon.
ſous.	ſu.	ſem.	ſym.	......	ſon.
doux.	du.	dent.	daim.	dun.	don.
toux.	tu.	temps.	tim.	tun.	tom.
lou.	lus.	lam.	lain.	lun.	lon.
nous.	nu.	nant.	nym.	......	non.
rou.	ru.	rang.	rin.	......	ron.
goût.	gu.	gant.	gain.	......	gon.
....	......	guant.	guim.	......	guon.
cou.	cu.	camp.	cain.	cun.	con.
qu'ou.	qu'u.	quand.	quint.	quun.	quon.
....	......	gnant.	gnin.	......	gnon.
....	......	illant.	....	......	illons.

Conſonnes qui ſe joignent enſemble.

bl. pl. fl. gl. cl. br. pr. vr. fr. phr. dr. tr. gr. cr. chr. ct. ctr. ſp. ſqu. pſ. ſc. ſcr. ſt. ſtr.

SYLLABES COMPOSÉES.

bla.	blê.	bleu.	blo.	blé.	bli.
pla.	plai.	pleu.	plau.	plai.	plis.
fla.	floient.	fleu.	flots.	flez.	fli.
gla.	glais.	gleu.	glo.	gler.	gli.
cla.	clois.	cleu.	clos.	clé.	cli.
bra.	brê.	breux.	bro.	brez.	bris.
pra.	prois.	preu.	pro.	prai.	prix.
vra.	vrai.	vreu.	vreaux.	vrez.	vris.
phra.	fret.	freu.	fro.	frer.	fri.
dra.	dret.	dreux.	drô.	dré.	dri.
tra.	traî.	treu.	treau.	trez.	tri.
gra.	grès.	greu.	gros.	gré.	gris.
cra.	chrê.	creux.	creaux.	chré.	chry.
cta.	ctoit.	cteu.	cto.	cter.	cti.
ſpa.	ſpoient.	....	ſpo.	ſpé.	ſpi.
ſca.	ſquoit.	....	ſco.	ſqué.	ſqui.
ſta.	ſtoient.	....	ſto.	ſtai.	ſti.
ſtra.	ſtrois.	....	ſtro.	ſtré.	ſtri.

ctri. ſpla. ſplen. ſcri. ſcro. ſcru.

X *prononcé* cs, *vexa*, *il fi*xoit, *ta*xé, *Al*exis, *fi*xant, *le V*exin, *ta*xons.

X *prononcé* gz, Xa*vier*, exa*men*, exil, exo*de*, exem*ple*.

SYLLABES COMPOSÉES.

blou.	blu.	blanc.	blin.	....	blon.
plou.	plu.	plan.	plein.	....	plom.
flou.	flu.	flam.	flin.	....	flon.
glou.	glu.	glan.	glin.	....	glon.
cloux.	clu.	clan.	clin.	....	clons.
brou.	bru.	bran.	brin.	brun.	bron.
prou.	pru.	pren.	prin.	prun.	prom.
....	......	vran.	vrain.	....	vron.
frou.	fru.	fram.	frein.	....	fron.
drou.	dru.	dran.	drin.	....	dron.
trou.	tru.	trem.	train.	....	trom.
grou.	gru.	gran.	grain.	....	gron.
crou.	cru.	cran.	craint.	....	cron.
....	ctu.	ctant.	ctin.	....	cton.
ſpou.	......	ſpant.	ſpin.	....	ſpon.
....	ſcu.	ſcan.	ſquin.	....	ſquon.
....	ſtu.	ſtan.	ſtin.	....	ſtons.
....	ſtru.	ſtrant.	ſtrin.	....	ſtrons.

pſa. pſeau. pta. pti. pto.

Mots terminés par un e muet.

J'agrée.	*les breches.*	*ils menent.*
il ſeme.	*tu peſes.*	*ils ſerrent.*
Euſebe.	*des pieces.*	*ils leguent.*
un crêpe.	*tu dreſſes.*	*ils piquent.*
il leve.	*tu cedes.*	*ils regnent.*
il greffe.	*tu jetes.*	*ils veillent.*
la neige.	*tu celes.*	*ils payent.*
la Bible.	*les levres.*	*ils ſouffrent.*
objecte.	*les peuples.*	*ils reglent.*
du trefle.	*des cedres.*	*ils vexent.*
la lepre.	*des Negres.*	*ils reſtent.*
terreſtre.	*des ſpectres.*	*ils pénetrent.*

ent *prononcé de trois manieres.*

1°. *Comme l'*e muet.	2°. *Comme* an.
ils châtient	*un patient.*
ils couvent.	*un couvent.*
ils négligent.	*un négligent.*
ils préſident.	*un Préſident.*
ils excellent.	*il eſt excellent.*
ils content.	*il eſt content.*
ils different.	*un différent.*
ils ſe parent.	*il m'eſt parent.*

3°. *Comme* ain.

il tient.	*il contient.*	*il détient.*
il vient.	*il convient.*	*il devient.*

Oi *prononcé* oet, oès & oâ.

1°. oet.	2°. oès.	3°. oas.
à moi.	*chamois.*	*un mois.*
il boit.	*les lois.*	*du bois.*
envoi.	*ils envoient.*	*des pois.*
la foi.	*une fois.*	*un poids.*
le doigt.	*les doigts.*	*trois.*
pour toi.	*les toits.*	*noix.*
le roi.	*les rois.*	....
emploi.	*ils emploient.*	....
il croit.	*des croix.*	....
le froid.	*les froids.*	....

ï *Mouillé.*

*A*ïeul.	*pa*ïen.	*fa*ïance.
caïer.	*du gla*ïeul.	*cama*ïeu.

Y *pour deux* ii,

dont le premier fait partie de la Syllabe précédente ; & le second est un ï mouillé.

il paye.	*Prononcez*	*il pai-ïe.*
il a essayé.		*il a essaï.ïé.*
un moyen.		*un moi-ïen.*
nous employons.		*nous emploi-ïons.*
il est ennuyeux.		*il est ennui-ïeux.*
un fuyard.		*un fui-ïard*

I. *Conſonnes qui ne ſe prononcent point ordinairement à la fin des Syllabes.*

m. Cette Lettre à la fin des Syllabes n'eſt ordinairement que le ſigne d'un Son nazal ; exemples : cham*bre*, mem*bre*, tim*bre*, om*bre*.

p. *Dra*p, *ſe*p*t*, *tro*p, *cou*p, *lou*p, *cam*p, *com*p*te*, *prom*p*t*, *prom*p*tement*, *exem*p*t*.

z, après l'*e* fermé. *Alle*z, *liſe*z, *donne*z.

s. Cette Lettre ne ſert ordinairement qu'à rendre longues les Syllabes qu'elle termine ; exemples : *Appa*s, *des palai*s, *effet*s, *des lit*s, *le repo*s, *les vertu*s.

d. *Lai*d, *froi*d, *chau*d, *mui*d, *ni*d, *nu*d, *pié*d, *ſour*d, *ver*d, *le fon*d.

t. *Il ba*t, *un mâ*t, *effe*t, *il veu*t, *il li*t, *un mo*t, *le gou*t, *il bu*t, *tan*t, *ouver*t.

n. Cette Lettre à la fin des Syllabes, n'eſt ordinairement que le ſigne d'un Son nazal ; exemples : *pla*n, *lie*n, *houblo*n.

g. *Le ran*g, *un lè*g*s*, *vin*g*t*, *lon*g, *faux-bour*g.

x. Cette Lettre ne ſert ordinairement qu'à rendre longues les Syllabes qu'elle termine ; ex. *la pai*x, *je veu*x, *le pri*x, *des chevau*x, *les genou*x.

ſt. Le très ſaint Nom de *Jeſus-Chri*ſt, *c'e*ſt, *il e*ſt.

Mots où ces mêmes Consonnes se prononcent à la fin des Syllabes. *

m. *Abraham*, *Salem*, *Sélim*, *Amnon*, *Amram*.

p. *Un cap*, *du jalap*, *la Ville d'Alep*, *la Ville de Gap*.

z, après l'*e ouvert*. *Rhodez*, *Senez*, *Suarez*, *Vasquez*.

s. *Un as*, *Pallas*, *Cerès*, *Amos*, *Antiochus*, *l'iris*, *une vis*, *Baptismal*, *près*.

d. *Gad*, *Jared*, *David*, *le vent du Sud*, *addition*, *reddition*.

t. *La dot*, *un fat*, *brut*, *échec & mat*, *Zenith*, *Aleth*, *Judith*.

n. *Amen*, *l'Hymen*, *l'Abdomen*, *ennemi*, *inné*, *innover*.

g. *Agag*, *Doëg*, *Gog*, *Aggée*, *suggérer*, *suggestion*.

x prononcé cs. *Ajax*, *du borax*, *Alix*, *Felix*, *Stix*, *préfix*, *Pollux*, *le larinx*, *la sphinx*, *un linx*, &c.

st. *Le Christ*, *un zest*, *les vents d'Est & d'Ouest*, *la Ville de Brest*.

* La plupart de ces mots sont des noms propres.

II. *Consonnes qui se prononcent presque toujours à la fin des Syllabes.*

b. *Joab*, *Caleb*, *Job*, *absent*, *Hebdomadaire*, *obtenir*, *subvenir*.

f. *Chef*, *fief*, *un if*, *rétif*. ph. *Asaph*, *Joseph*, *Asoph*.

l. *Mal*, *bel*, *poil*, *seul*, *fil*, *parasol*, *calcul*, *capitoul*.

r. *Car*, *l'air*, *l'Auteur*, *du noir*, *desir*, or, *amour*, *pur*, & quelques mots en *er*, comme *ver*, *fer*, *mer*, *cher*, *fier*, *hier*, *hyver*, *cancer*, *Esther*, *Jupiter*, &c.

c. *Sac*, *avec*, *échec*, *laïc*, *trafic*, *estoc*, *caduc*, *saint Marc*, *accès*, *Occident*, *succès*.

il, Consonne mouillée. *Mail*, *vermeil*, *cerfeuil*, *fenouil*, *Avril*, *péril*, *gentil-homme*.

Ti *prononcé* ci.

Martial.	*Domitien.*
partial.	*Mutien.*
patient.	*ambitieux.*
inertie.	*factieux.*
Dalmatie.	*injection.*
initier.	*portion.*
balbutier.	*exception.*

Mots

Mots où ces mêmes Consonnes ne se prononcent pas à la fin des Syllabes.

b. *Du plom*b.

f. *Clé*f, *chè*f-*d'œuvre*, *bœu*f, *œu*f, *neu*f *louis*, *un habit neu*f.

l. *Bari*l, *cheni*l, *couti*l, *fusi*l, *genti*l, *sourci*l, *un fi*ls, *le pou*ls, *il est saou*l.

er, à la fin des mots, n'est ordinairement qu'un *é* fermé; partout ailleurs il se prononce *ere*; exemples: *hers*er, *berg*er, *perc*er, *ferm*er, *cherch*er, *dernier*.

c. *Taba*c, *estoma*c, *alma*n*a*ch, *cotignac*; *arseni*c, *cro*c, *bro*c, *ban*c, *blan*c, *flan*c, *fran*c, *jon*c, *tron*c, *cler*c, *por*c *frais*, *éche*cs, *un mar*c, *ar*c-*boutant*, *ar*ct*ique*, *contra*ct, *respe*ct, *aspe*ct, *inst*i*n*ct.

Manieres rares de repréſenter pluſieurs Voyelles.

am *pour* a.

*cond*am*ner.* *dam*n*ation.*	Prononcez	*condaner.* *danation.*

ai *pour* a.

*doua*i*riere.*	*douariere.*

em *pour* a.

*ſ*em*me.*	*ſame.*
*ſol*em*nel.*	*ſolanel.*
*prud*em*ment.*	*prudament.*

& ainſi dans tous les Adverbes en *em*ment.

ueil *pour* euil.

*ac*cueil.	*ack*euil.
*é*cueil.	*ek*euil.
*or*gueil.	*org*ueuil.

œil *pour* euil.

*l'*œil.	*l'*euil.
œil*let.*	euil*let.*

ui *pour* i.

*v*uid*e.*	*vide.*

ao *pour* o.

*la S*aô*ne.*	*la S*ô*ne.*

um *pour* ome.

*de l'opi*um.	*de l'opi*ome.

Aou *pour* ou.

*le mois d'*Aou*t.*	*d'*Ou*t.*
*ſe ſ*aou*ler.*	*ſe ſ*ou*ler.*

ol *pour* ou.

un sol.	prononcez	*un sou.*

aen *pour* an.

la Ville de Caen.	Can.

aon *pour* on.

la Ville de Laon.	*Lan.*
un paon.	*pan.*
un faon de biche.	*fan.*

eim *pour* in.

la Ville de Rheims.	*Rinse.*

aon *pour* on.

un taon, espece de mouche	*ton.*

um *pour* on.

Humbert.	*Hombert.*
factum.	*facton.*

un *pour* on.

Dunkerque.	*Donkerque.*

& ainsi dans quantité de mots étrangers.

qu *pour* cu.

équestre.	*écuestre.*
questeur,	*cuesteur.*

qua *pour* coua.

quadrature.	*couadrature.*
équateur.	*écouateur.*
équation.	*écouation.*

Manieres rares de représenter plusieurs Consonnes.

W *pour* **V.**

W*estphalie.* W*inchester.*	Prononcez	V*estphalie.* V*inchester.*

& ainsi dans quantité de mots étrangers.

sch *pour* **ch.**

sch*isme.* — ch*isme.*

x *pour* **z.**

dixieme. — *dizieme.*

x *pour* **ss.**

soixante. — *soissante.*
Auxerre. — *Ausserre.*

c *pour* **g.**

second. — *segond.*
C*laude.* — G*laude.*

gh *pour* **gue.**

*B*erghe*n.* — *B*ergue*n.*
le Ghi*lan.* — *le* Gui*lan.*

K *pour* **qu.**

le Fort de K*ell.* — Que*l.*
la Ville de Ke*ndal.* — Que*ndal.*

& ainsi dans quantité de mots étrangers.

ch *pour* **qu.**

ch*aos.* — qu*aos.*
*ar*ch*ange.* — *ar*qu*ange.*

lh *pour* ill mouillé.

*Parda*lhac. *Mi*lh*aut.*	Prononcez	*Parda*ill*ac.* *Mi*ll*aut.*

ll *pour* ill mouillé.

*Su*ll*i.*	*Sui*ll*i.*
*Nu*ll*i.*	*Nui*ll*i.*

gn *prononcé* gue-ne.

Gn*oſtique.*	guen*oſtique.*
Gn*omonique.*	guen*omonique.*

ALPHABET

où les Lettres ſont rangées dans l'ordre ordinaire, avec les noms qu'on donne à ces Lettres.

A.	B.	C.	D.	E.
a	*bé*	*cé*	*dé*	*é*
F.	G.	H.	I.	J.
effe	*gé*	*hache*	*i*	
K.	L.	M.	N.	O.
ka	*elle*	*emme*	*enne*	*o*
P.	Q.	R.	S.	T.
pé	*qu*	*erre*	*eſſe*	*té*
U.	V.	X.	Y.	Z.
u		*ixe*	*y grec*	*zede*

EXPLICATION

de quelques Signes qui ſe trouvent dans les Livres.

La *Virgule* [,] marque qu'il faut faire une petite pauſe, pour reprendre haleine, & pour donner plus de clarté au diſcours.

Le *Point-Virgule* [;] Il faut s'arrêter un peu plus à cette figure.

Les *deux Points* [:] demandent une pauſe un peu plus conſidérable que le Point-Virgule.

Le *Point* [.] marque que la Phraſe eſt finie. Il faut s'y arrêter.

Le *Point d'Interrogation* [?] ſe met après une interrogation ou demande,

Le *Point d'Admiration* [!] ſe met après une exclamation ; exemple : *Ah ! Qu'il eſt ſçavant !*

Le Trait d'union ou *de diviſion* [-] ſert à unir enſemble deux mots, comme, *ceux ci*, *eux-mêmes*, *donne-t-il*. Il marque encore que le mot n'eſt pas fini, à la fin de la ligne, & que l'autre partie de ce mot ſe trouve à la ligne ſuivante.

Aï, aü. Ces deux points ſur une Lettre, marquent qu'il en faut faire une Syllabe ſéparée de la Voyelle précédente; exemples: *Laïc*, *Saül.*

Les *Points d'omiſſion* [.....] ſervent à marquer qu'il y a quelque choſe d'omis entre ce qui précéde & ce qui ſuit. Ils marquent encore que dans un diſcours vif & paſſionné, la Phraſe n'eſt pas achevée.

L'*Apoſtrophe* ou *éliſion* ['] eſt une eſpece de petite Virgule qu'on met au haut d'une Lettre, pour marquer qu'il manque un *a*, ou un *e*, ou un *i*, qui ſe trouve mangé par la Voyelle ſuivante; exemples: l'*humilité*, *l'homme*, *s'il*, pour *la humilité*, *le homme*, *ſi il.*

L'*Apoſtille* ou *Guillemet* [»] ſe met au commencement de chaque ligne d'une ou de pluſieurs Phraſes qui ne ſont pas de l'Auteur du Livre.

Ces figures ( ) [ ] ſervent à renfermer un petit nombre de paroles qui interrompent le ſens du diſcours, mais qu'on croit néceſſaires pour ſe faire entendre. Il faut prononcer ces paroles d'un ton plus bas que le reſte du diſcours.

DE LA LECTURE
DU LATIN.

QUand on ſçait bien lire le François, on peut lire le Latin ſans difficulté. Cependant il eſt néceſſaire de faire remarquer quelques différences qui ſe trouvent entre la prononciation Latine & la Françoiſe. Elles ſe réduiſent à celles-ci.

I. *Ai*, *ei*, *oi*, *ou*, ſe prononcent toujours en deux Voyelles diſtinguées, dont chacune garde le Son qui lui eſt propre. *Danai*, *fidei*, *introitus*, *prout*, ſe prononcent, *Dana-i*, *fide-i*, *intro-itus*, *pro-ut*.

II. *Au* ſe prononce comme *ô*; exemples : *Laus*, *laudate*, *autor* : liſez, *Lôs*, *lôdate*, *ôtor*.

Il faut excepter quelques noms propres, comme *Nicolaus*, *Danaus*, où l'*a* & l'*u* ſe prononcent ſéparément, *Nicola-us*, *Dana-us*.

III. *Eu* ſe prononce comme notre Voyelle *eu*, dans ces Monoſyllabes, *heu*, *ceu* & *ſeu*, & au commencement des mots, comme, *euge*, *Eurus*, *Eucharistia*.

Mais au milieu des mots, on prononce l'*e* & l'*u* séparément, *Deus*, *aureum*, se prononcent *De-us*, *aure-um*.

IV. *Æ* & *œ*, & tous les *e* qui terminent les Syllabes, se prononcent comme notre *é* fermé : *pœnæ*, *pene*, prononcez, *péné*.

V. Les Syllabes *an*, *am* ; *en*, *em* ; *in*, *im* ; *on*, *om* ; *un*, *um*, se prononcent d'un Son nazal au commencement & au milieu des mots, & même à la fin des mots, lorsqu'elles sont suivies d'une Consonne.

1°. *An*, *am*, se prononcent comme notre Voyelle *an*, *Angelus*, *vocantis*, *amant* ; *amplius*.

2°. *En* & *em* ; *in* & *im*, se prononcent comme *ein* ou *in*, en François ; *ensis*, *docentes*, *legens* ; *tempus* ; *infra*, *relinquit*, *dixerint* ; *impetus*.

3°. *On* & *om* ; *un* & *um*, se prononcent comme notre Voyelle *on*, *montis*, *fons*, *compos*, *promptus* ; *unda*, *fugiunt*, *umbræ*.

Dans quelques mots, comme *hunc*, *tunc*, *cuncti*, *un* se prononce comme *un* en François.

Mais lorſque ces Syllabes terminent le mot, ou lorſqu'elles ſont ſuivies d'une *n* ou d'une *m*, l'*a*, l'*e*, l'*i* & l'*o*, gardent leur Son naturel ; & on fait ſonner, au moyen d'un *e* muet, la Conſonne *n* ou *m*, qui les ſuit ; exemples : *Titan*, *annus*, *muſam*, *flamma*, *amnis*, *lumen*, *bipennis*, *partem*, *ſolemne*, *dein*, *innixus*, *hymnus*, *immotus*, *Damon*, *connexus*, *omnis*, *committo*, ſe prononcent *Titane*, *amenis*, *muſame*, *flamema*, *amenis*, &c.

Um final ſe prononce *ome*, *domum*, *piorum*, ſe prononcent *domome*, *piorome*.

VI. Toutes les Conſonnes qui ne ſont point ſuivies d'une Voyelle, ſe prononcent au moyen d'un *e* muet ſuppléé ; exemples : *fons*, *dicunt*, *Pſalmus*, *mna*, *promptus*, *emptor*, &c, qui ſe prononcent, *fonſe*, *dicunte*, *Peſalemuſse*, *mena*, *perompetuſse*, *empetore*. Il faut excepter les Conſonnes *n* & *m*, lorſqu'elles ne ſont que des ſignes du Son nazal.

VII. *Ch* ſe prononce toujours comme le *k*. *Charitas*, *Chorus*, *Anchiſes*, ſe prononcent *Karitas*, *Korus*, *Ankiſes*.

VIII. *Gn*, ſe prononce *gue-ne*, en deux Conſonnes diſtinguées, comme dans ces mots françois, *gnoſtique*, *gnomonique*; exemples : *magna*, *igne*, *agni*, *ignorans*, *pignus*, ſe prononcent, *maguena*, *iguene*, *agueni*, &c.

IX. Les Syllabes, *qua*, *quæ*, *qui*, *quo*, *quu*, ſe prononcent comme ſi elles étoient écrites, k*oua*, k*ue*, k*ui*, k*o*, k*u*. Qu*are*, qu*ercus*, qui*libet*, qu*otannis*, equ*us*; prononcez, Kou*are*, kue*rcus*, kui*libet*, k*otannis*, ek*us*.

X. *Ti*, ſuivi d'une Voyelle, ſe prononce comme en François, *ci*. *Gra*tia, *actio*, *prudentiæ*, *Actium*; prononcez, *gracia*, *accio*, *prudenciæ*, *Accium*.

Par rapport aux Accens qu'on met ſur les mots Latins, il ſuffit que les Maîtres faſſent obſerver à leurs Eleves, que l'Accent aigu placé ſur l'anté-pénultiéme (*a*) ou ſur l'avant-derniere Syllabe des mots Latins, comme on le voit ſur ces mots, *Dóminus*, *múnere*, *dixérunt*, *reſtábat*, eſt deſtiné à marquer qu'il faut appuyer davantage ſur ces Syllabes que ſur les autres ; & que

(*a*) L'anté-pénultieme Syllabe d'un mot, eſt celle qui précede les deux dernieres.

dans les mots de deux Syllabes, l'Accent eſt toujours mis, ou du moins ſuppoſé, ſur la premiere. Mais il faut bien ſe donner de garde de leur faire prononcer ces Syllabes trop longues. Ce ſeroit une égale faute de ne s'y pas arrêter aſſez, ou de s'y arrêter trop longtemps.

BIBLIOTHÈQUE ROYALE

FIN.

TABLE DES CHAPITRES.

Fin de la Table.

APPROBATION.

J'Ai lu, par ordre de Monſeigneur le Chancelier, un Manuſcrit qui a pour titre : *Traité des Sons de la Langue Françoiſe*, *&c*; & je n'y ai rien trouvé qui puiſſe en empêcher l'impreſſion. Fait à Paris, ce 24 Mai 1760.

NICOLLE DE LA CROIX.

PRIVILEGE DU ROI.

LOUIS PAR LA GRACE DE DIEU, ROI DE FRANCE ET DE NAVARRE : A nos amés & féaux Conſeillers les Gens tenans nos Cours de Parlement, Maîtres des Requêtes ordinaires de notre Hôtel, Grand Conſeil, Prévôt de Paris, Baillifs, Sénéchaux, leurs Lieutenans Civils & autres nos Juſticiers qu'il appartiendra : SALUT. Notre amé JEAN-THOMAS HÉRISSANT, Libraire à Paris, Nous à fait expoſer qu'il déſireroit faire imprimer & donner au Public, un Ouvrage qui a pour titre : *Traité des Sons de la Langue Françoiſe*, *& des Caracteres qui les repréſentent*; s'il Nous plaiſoit lui accorder nos Lettres de Permiſſion pour ce néceſſaires. A CES CAUSES, voulant favorablement traiter l'Expoſant, Nous lui avons permis & permettons par ces Préſentes, de faire imprimer ledit Ouvrage, autant de fois que bon lui ſemblera, & de le vendre, faire vendre & débiter par tout notre Royaume, pendant le temps de trois années conſécutives, à compter du jour de la date des Préſentes : Faiſons défenſes à tous Imprimeurs-Libraires, & autres perſonnes de quelque qualité & condition qu'elles ſoient, d'en introduire d'impreſſions étrangéres dans aucun lieu de notre obéiſſance : A la charge que ces Préſentes ſeront enregiſtrées tout au long ſur le regiſtre de la Communauté des Imprimeurs & Libraires de Paris, dans trois mois de la date d'icelles ; que l'impreſſion dudit Ouvrage ſera faite dans notre Royaume, & non ailleurs, en bon papier & beaux caractéres, conformément à la feuille imprimée attachée pour modéle ſous le contreſcel des Préſentes ; que l'Impétrant ſe conformera en tout aux Réglemens de la Librairie, & notamment à celui du 10 Avril 1725. Qu'avant de l'expoſer en vente, le Manuſcrit qui aura ſervi de Copie à l'impreſſion dudit Ouvrage, ſera remis dans le même état où l'Approbation y aura été donnée ès mains de notre très-cher & féal Chevalier, Chancelier de France, le ſieur DE LAMOIGNON ; & qu'il en ſera enſuite remis deux Exemplaires dans notre Bibliothéque publique, un dans celle de notre Château du Louvre, & un dans celle de notre très-cher & féal Chevalier, Chancelier de France, le ſieur DE LAMOIGNON ; le tout à peine de nullité des Préſentes. Du contenu deſquelles vous mandons & enjoignons de faire jouir ledit Expoſant & ſes Ayans cauſes, pleinement & paiſiblement, ſans ſouffrir qu'il leur ſoit fait aucun trouble ou empêchement. Voulons que la copie des Préſentes qui ſera imprimée tout au long au commencement ou à la fin dudit Ouvrage, foi ſoit ajoutée comme à l'Original. Commandons au premier notre Huiſſier ou Sergent ſur ce requis, de faire, pour l'exécution d'icelles, tous Actes requis & néceſſaires, ſans demander autre permiſſion, & nonobſtant clameur de Haro, Charte Normande, & Lettres à ce contraires. Car tel eſt notre plaiſir. DONNÉ à Choiſi le treiſiéme jour du mois d'Août l'an de grace mil ſept cent ſoixante, & de notre Régne le quarante-cinquiéme. Par le Roi, en ſon Conſeil.

Signé, LE BEGUE, avec paraphe

Regiſtré ſur le Regiſtre XV de la Chambre Royale & Syndicale des Libraires & Imprimeurs de Paris, N°. 171, *fol.* 91; *conformément au Réglement de* 1723. *A Paris ce* 21 Août 1760.

G. SAUGRAIN, *Syndic.*

De l'Imprimerie de LOTTIN, 1760.

www.ingramcontent.com/pod-product-compliance
Ingram Content Group UK Ltd.
Pitfield, Milton Keynes, MK11 3LW, UK
UKHW020417180726
13839UKWH00003B/1337

9 782329 605739